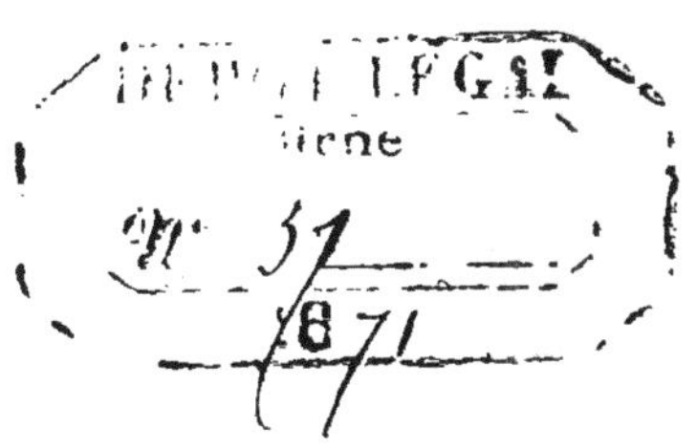

LES PRUSSIENS EN FRANCE

LE

COMBAT D'ALENÇON

LES PRUSSIENS EN FRANCE

LE COMBAT D'ALENÇON

AVEC LE PLAN DU CHAMP DE BATAILLE

PAR

UN CHEF D'AMBULANCE

ALENÇON
CHEZ VEILLON
LIBRAIRE
rue aux Cieux.

A PARIS
et dans les départements
chez les
PRINCIPAUX LIBRAIRES

1871

Raconter l'histoire de l'invasion de 1871, c'est exposer les causes de nos désastres et permettre un jour de tarir les sources de nos malheurs; c'est proclamer l'énergie de la France; c'est relever les courages abattus et inspirer à tous la confiance dans les destinées de la Patrie.

Le 2 avril 1871.

E. M.

I

La veille du combat.

Le 14 janvier 1871, une triste nouvelle excitait dans Alençon une émotion vive et la crainte de nouveaux malheurs : Frédéric-Charles occupait le Mans ; l'armée de Chanzy, deux jours victorieuse, cédait à une panique fatale, et se repliait sur Laval et Mayenne. De tous côtés arrivaient des fuyards ; l'ennemi les poursuivait ; le chef-lieu du département semblait être l'objectif des Prussiens.

Depuis longtemps les mobilisés de l'Orne et de la Mayenne gardaient la ville contre une surprise de la part des Allemands, et bivaquaient en avant, sur les routes du Mans, de Fresnay, de Mamers ; le service d'éclaireurs était réservé aux gendarmes et à quelques chasseurs d'Afrique.

Le Préfet de l'Orne, M. Antonin Dubost, nommé récemment par le ministre Gambetta, dans une proclamation aux habitants, avait, dès le matin, fait appel au sang-froid de la population alençonnaise :

« La peur, écrivait-il, qui engendre le désordre, ne fait jamais que des victimes. Avons-nous besoin d'ajouter que nous sommes disposés à nous défendre les armes à la main, jusqu'aux portes de la ville.

» La garde nationale est composée de citoyens soucieux, je pense, de leur dignité et de leur honneur. Ils n'imiteront pas ces âmes pusillanimes qui cherchent dans l'existence de leur prétendue faiblesse un prétexte pour se soustraire à la mort.

» Citoyens ! si les Prussiens viennent jamais coucher dans nos lits, il faut que l'on puisse dire d'Alençon qu'elle fut vraiment digne de la République, de la Patrie et de la Liberté !

» Quant à votre Préfet, il ne se retirera que quand il sera bien constaté que l'honneur et le droit n'ont rien pu contre la force.

» Citoyens ! un grand homme a dit : « L'adversité est notre mère; la prospérité n'est que notre marâtre. »

» Le jour n'est pas loin, je vous le jure, où la mère engendrera. Il n'y a pas de droit contre le droit. Les Prussiens ne peuvent tarder à en faire l'expérience. »

Vers une heure de l'après-midi, le Conseil municipal (1) se réunit à l'Hôtel-de-Ville : le maire, M. Lecointre (2), s'empresse de lui annoncer que l'ennemi menace Alençon, et que le général de Malherbe, commandant en chef du département, se dispose à faire soutenir ses troupes par la garde nationale, et à défendre contre les approches des Prussiens les positions de Neufchâtel, de Fyé et des

(1) Voici les noms de tous les Conseillers municipaux de la ville d'Alençon : MM. Lecointre, maire; Chambay, Henriet, adjoints; de La Sicotière, député et avocat; Baudry, Poupet, Lherminier, avocats; Tixier, Félix Hommey, notaires; Prévost, médecin; Fresnais, Romet, Geslin, Sanson, Saillant, Mallet, Lemée, négociants; Grollier, député; Crocquefer, Mathieu Vivario, ingénieurs civils; Montel, Leveillé, Michel René, propriétaires; Chevreuil, juge de paix; Libert, absent, chirurgien de la mobile.

(2) Procès-verbaux des séances du Conseil municipal de la ville d'Alençon.

Aulnais : points fortifiés éloignés de la ville (1) et désignés par le Comité de Défense du département.

Quelle était, en effet, au point de vue stratégique, la situation d'Alençon : l'expérience l'a depuis démontré : située dans une vallée dominée de tous côtés par des collines et des côteaux, la cité, vers le XIe siècle, pouvait paraître une place importante : pour arrêter les armées, il suffisait au moyen-âge de fortes murailles et de larges fossés : c'est ainsi qu'en l'année 1028, cette ville fut attaquée par Robert, le frère et l'ennemi de Richard III, duc de Normandie ; c'est ainsi que plus tard, sous les comtes d'Alençon, elle se vit souvent assiégée et parfois prise, pillée et rançonnée. En 1590, dans les guerres de la Ligue, Henri IV s'empare d'Alençon après plusieurs jours de tranchées, et ce Prince anéantit la puissance militaire de cette

(1) Ces points stratégiques et barricadés sont situés, savoir : Neufchâtel, à 12 kilomètres environ d'Alençon, sur la route de Mamers ; Fyé, à la même distance, sur la route du Mans ; et la butte des Aulnais, à 6 kilomètres, sur la route de Fresnay.

place forte par la démolition de ses tours et de ses murs redoutables.

De nos jours, le château des Ducs n'offre plus qu'une majestueuse curiosité; et les seules luttes réservées à cette ville sans défense, sont les luttes économiques et commerciales, plus fécondes, plus civilisatrices que les autres, et plus conformes aux aspirations de notre siècle.

.... Bientôt le rappel est battu; la garde sédentaire court aux armes; le ciel est sombre, l'air glacial, le sol couvert d'une neige abondante; sur la place d'Armes quelques sentiers sont à peine tracés : c'est là que les compagnies se rangent, elles attendent longtemps des ordres, exposées aux rigueurs d'un froid intense.

Puis les tambours battent aux champs et le Préfet apparaît; il est suivi du général de Malherbe, du maire, M. Lecointre, du général de Boistertre, commandant de la garde nationale, et de plusieurs Conseillers de préfecture; il passe en revue la milice, paraît satisfait de sa tenue et lui ordonne de former le carré : placé au centre des soldats citoyens, il leur adresse une chaleureuse harangue et les encourage au combat : « Il faut, dit-il, que tout homme de cœur fasse à la ville un rempart de son corps ; chacun de nous, avant d'aller au feu, doit faire son testament ; arrêter l'ennemi, c'est sauver l'armée de Chanzy, c'est sauver la Patrie ; quant à lui, il est résolu à payer d'exemple et à remplir son devoir jusqu'au tombeau. » Il fait ensuite appel aux citoyens pour miner les ponts et dresser des barricades dans l'intérieur de la ville.

Echauffés par ces excitations, entraînés par leur patriotisme, les uns demandent la bataille ; d'autres, plus calmes, en acceptent sans murmures les conséquences fatales ; le salut de l'armée de Chanzy dominait les cœurs et les craintes ; mais tous les habitants s'opposent à une guerre de barricades à l'intérieur et protestent contre le projet du Préfet de faire sauter au besoin les trois ponts (1) jetés sur la Sarthe pour protéger la retraite de nos troupes : isoler ce quartier populeux et pauvre de Monsort, n'était-ce

(1) Voir les notes explicatives publiées sur ces événements à Alençon.

pas l'exposer aux représailles d'un vainqueur cruel et sans merci?

De quelle utilité devait être cette destruction : ou l'ennemi se présenterait par petites colonnes en ravitaillement, et les forces disponibles devaient l'arrêter à plusieurs kilomètres, aux points fortifiés par le Comité de défense; ou bien une armée nombreuse envahirait la ville, et son matériel de ponts volants lui permettrait sans retard le passage des rivières : la ruine des ponts situés dans les murs ne pouvait offrir ni avantage, ni sécurité, ni compensation.

.... Bientôt des bataillons de mobilisés se rangent sur la place d'Armes.

Des trompettes retentissent soudain, et par la rue du Château débouche un régiment à l'allure vive et guerrière : ce sont les braves francs-tireurs Lipowski, les héros de Châteaudun : ils sont deux mille : ils accourent à la défense d'Alençon; épuisés par des marches forcées, ils aspirent à se refaire afin de livrer de nouveaux combats.

La nuit survient.

Le Conseil municipal s'est réuni de nouveau : des officiers de la garde nationale se présentent (1) ; ils sont introduits dans la salle des séances : alors s'adressant au Conseil : « Tous, disent-ils, nous sommes prêts à nous sacrifier pour la défense de la Patrie, mais nous voulons combattre loin de la ville; le Préfet entend préparer dans l'intérieur une guerre de barricades; au nom de la garde nationale, nous venons protester contre de tels projets : nous demandons au Conseil de sauver les familles d'Alençon de la destruction, du deuil et de la ruine. »

Aussitôt M. Baudry, avocat, propose au Conseil municipal d'aller trouver l'Autorité militaire, et de s'assurer si le général Chanzy ou le Ministre de la guerre ont ordonné la rupture des ponts intérieurs et la lutte dans la cité; s'il en est ainsi, ajoute-t-il, le Conseil et la Ville, si énormes et si douloureux que soient les sacrifices qui peuvent leur être imposés, doivent trouver dans leur patriotisme, dans leur amour sincère pour la France, le courage de les accepter sans limites.

Aussitôt le Maire se rend chez le géné-

(1) Procès-verbaux des séances du Conseil municipal.

ral de Malherbe; à son retour, il déclare au Conseil que le Commandant en chef n'a reçu aucun ordre de Chanzy, et que cet Officier supérieur est résolu à repousser l'invasion, mais aussi à combattre l'ennemi aux environs de la ville.

Le Conseil municipal, ému de la direction que M. Antonin Dubost prétend imposer à la défense, contrairement aux projets du Général, se transporte à la Préfecture, et là il insiste pour avoir communication des ordres supérieurs prescrivant la destruction des ponts et la guerre à outrance dans l'intérieur d'Alençon.

Le Préfet, dans une longue et vive allocution, répond qu'il a reçu du Ministre carte blanche pour diriger les opérations de la défense; qu'il est en correspondance avec le général Chanzy; (1) que celui-ci et le Ministre de la guerre, par des considérations qu'il ne peut rendre publiques, regardent comme un intérêt véritable de défense nationale que la ville d'Alençon se défende à

(1) Voir les dépêches reçues par le Préfet, et publiée eulement à la da te du 24 mars 1871.

outrance; que le salut de la Patrie exige que la ville tienne jusqu'au lendemain dimanche minuit; qu'il faut retarder l'ennemi par tous les moyens possibles, dût-il ne pas rester à Alençon pierre sur pierre. Il ajoute qu'au reste, son intention n'est d'user de la rupture des ponts et de barricades intérieures, que si les positions avancées ne peuvent être maintenues.

Toutefois il refuse au Conseil municipal communication des instructions du Ministre, et se borne à soumettre au Maire une dépêche de Chanzy qui ordonne la rupture des ponts situés à plus de 24 kilomètres de la ville, entre Beaumont et Fresnay. Puis, il confie, sous le sceau du secret, aux Conseillers, qu'une armée de trente mille hommes accourt de Cherbourg au secours d'Alençon.

..... Mais déjà à ce moment l'ennemi est signalé, il approche, il occupe Beaumont-le-Vicomte; des troupes de mobilisés et de francs-tireurs sont envoyées en grand'gardes, de fortes patrouilles sillonnent les routes du côté du Mans; les cavaliers croisent les fantassins; partout règne la fièvre et l'activité; par malheur les ordres des chefs se contredisent; les marches et contre-marches fatiguent les hommes, et dès ce moment, l'indécision du commandement démoralise et décourage des soldats peu aguerris.

Il est dix heures du soir : la place fourmille de troupes; les fusils en faisceaux forment les rues d'un véritable camp; parmi les soldats, les uns se font un siège de leurs sacs; d'autres reposent sur un lit de neige leurs membres fatigués; d'autres plus heureux trouvent un abri, qui dans l'Hôtel-de-Ville, qui dans le Palais-de-Justice : tous cherchent à régénérer leur courage dans le sommeil : aucune alerte ne vint troubler le repos de ces hommes qui allaient encore exposer leur vie pour le salut de la Patrie.

II

La Bataille.

Le jour de la bataille apparut froid et brumeux; sur la route la neige était glacée. Dès le matin, les troupes accouraient sous les armes : elles comprenaient les francs-tireurs de Paris, colonel Lipowski; les francs-tireurs d'Alençon, capitaine Huchet; ceux des Basses-Pyrénées, commandant Oustallet : les mobilisés de l'Orne, colonels Raulin et Tardy; ceux de la Mayenne, colonel Bournel, et quatorze petits obusiers de montagne servis par les francs-tireurs et par une centaine d'artilleurs de l'armée; la cavalerie se composait de gendarmes et d'un petit nombre de chasseurs d'Afrique : l'effectif du corps ne dépassait pas huit mille hommes, et sur ce nombre quatre mille à peine devaient prendre à l'action une part sérieuse.

Dès le matin, le Conseil municipal se rassemble à l'Hôtel-de-Ville : tous les Conseillers sont d'avis (1) que le Préfet, par une interprétation qui lui appartient, s'est créé un système de défense désastreux et ruineux pour Alençon ; et que son patriotisme qui ne peut être éclairé par des connaissances militaires auxquelles il est étranger, se fait illusion sur l'utilité de la rupture des ponts et de la guerre de barricades ; aussi font-ils à l'unanimité la déclaration suivante :

» Le Conseil proteste de son dévouement à la défense nationale ; il déclare au nom de la ville et de la garde nationale tout entière que la défense aux postes en avant de la ville, qui ont été indiqués par l'Autorité militaire, doit être énergiquement soutenue.

» Mais considérant que la rupture des ponts intérieurs et la défense dans l'enceinte même de la ville essentiellement ouverte, ne sont prescrits par aucun ordre spécial du Ministre de la guerre et du général Chanzy ;

(1) Procès-verbaux des séances du Conseil municipal.

» Considérant que l'Autorité militaire et le Comité de défense ont pensé que la ville ne pouvait et ne devait être défendue que dans les postes avancés ;

» Considérant qu'après l'abandon de ceux-ci, toute autre défense, en l'absence de forces et d'artillerie suffisantes, serait désastreuse sans être utile et compromettrait le mouvement de nos troupes :

» Il refuse énergiquement son concours aux ordres émanés du Préfet. »

Vers dix heures, M. Antonin Dubost se présente devant le Conseil municipal : il annonce qu'il va télégraphier à Chanzy et au Ministre de la guerre les protestations du Conseil et son propre système de défense à outrance : « du reste, ajoute-t-il, je suis muni d'ordres qui me prescrivent la défense énergique d'Alençon et je ne puis faillir à ces prescriptions sans manquer à mon devoir. » (1)

Aussitôt le général de Malherbe, un de nos glorieux officiers de Crimée, présent à cette déclaration, après une protestation

(1) Voir les notes explicatives publiées à Alençon.

énergique et vive contre les prétentions du Préfet, soutient que la défense n'est efficace et possible qu'au moyen d'une concentration de troupes en avant de la ville, et il ajoute qu'il est résolu à combattre l'invasion, mais aussi à s'opposer énergiquement à la rupture des ponts et à la ruine de la cité.

Le Conseil appuie l'opinion du Général et lui adresse des remercîments au nom de la ville.

M. Dubost, se prévalant de pouvoirs absolus et d'instructions secrètes, croit néanmoins devoir saisir la direction de la Défense nationale; et en effet, à peine sorti de l'Hôtel-de-Ville, il poursuit avec ardeur son plan de défense à outrance; tantôt à pied, tantôt à cheval, il parcourt les rues, appelle les citoyens aux armes, harangue les soldats, élève une barricade à l'entrée de la ville et signe des ordres pressants pour miner les ponts.

Déjà, la veille au soir, sur le chemin de fer une arche avait sauté; cette opération fut utile : elle fortifiait en cas d'attaque l'aile gauche des Français, et protégeait la ville contre une surprise du côté de la gare.

Les Ingénieurs s'apprêtaient à miner les

autres ponts, lorsque le général de Malherbe informé des ordres du Préfet, envoie des soldats chargés de s'opposer, même par la force, à leur exécution ruineuse.

A ce moment se firent entendre les détonations lointaines du canon.

Les Prussiens étaient à Bérus, à huit kilomètres de la ville; ils abordaient la côte de la Feuillère : (1) dans ce village étaient embusqués quarante-trois francs-tireurs détachés le matin vers Beaumont pour faire sauter un pont du chemin de fer, situé dans cette direction : ils font sur l'avant-garde un feu rapide et meurtrier : le combat s'engage, le canon retentit; longtemps cette poignée de braves arrête l'ennemi; elle cède le terrain seulement lorsqu'elle reconnaît la présence d'un véritable corps d'armée.

La retraite des grand'gardes est inquiétée par les soldats Allemands; les batteries se dressent sur les points culminants de la Feuillère et précipitent leur tir; ensuite, elles avancent vers Alençon sans interrompre

(1) La Feuillère est une côte élevée à environ huit kilomètres d'Alençon.

leur feu, elles sont arrêtées à la hauteur du hameau du Coudray, à deux kilomètres du quartier de Monsort, par les obus des canons français; elles se jettent aussitôt dans les champs et prennent position entre les villages du Coudray et de Saint-Gilles, près de deux ormeaux placés sur un soulèvement de terre.

Pendant le combat des avant-gardes, le quartier général français était établi sur la place d'Armes; des compagnies de francs-tireurs et de mobilisés couraient à leur poste de combat, commandés par le colonel Raulin et le capitaine Oustalet. Vers onze heures ils envahissent la demeure isolée d'un nommé Leroux, au hameau de la Détourbe, sur la route du Mans; ils enlèvent meubles, portes, barriques et planches, dressent une demi-barricade, s'embusquent les uns derrière ce rempart improvisé, les autres dans les appartements de cette maison, et arrêtent l'infanterie prussienne près de l'avenue de Hauteclair; en même temps huit de nos canons se masquent, sur la route, derrière cette même habitation, et leur feu bien nourri et bien dirigé contraint les batteries ennemies à ne pas dépasser le village du Coudray ; ce premier engagement causa des pertes sensibles aux Allemands.

Sur la gauche de l'ennemi, les francs-tireurs Lipowski occupent déjà la ferme de Hauteclair ; des compagnies se développent en tirailleurs, elles s'appuyent vers leur droite sur le bois de Hauteclair, et se relient vers leur gauche au village de Saint-Pater : chaque arbre, chaque pli de terrain, chaque haie, chaque maison abrite un soldat qui fusille les Allemands encore à découvert sur la route du Mans.

Cette attaque foudroyante est heureuse ; l'ennemi recule ; ses batteries elles-mêmes font un mouvement en arrière ; ordre est donné aux mobilisés de la Mayenne d'appuyer les troupes engagées : mais des obus éclatent dans les rangs de ces soldats, et le désordre cause la panique : les Prussiens voient l'hésitation et la déroute, ils reprennent l'offensive avec avantage et regagnent leurs positions.

Le corps de francs-tireurs en réserve, furieux de la conduite des mobilisés, accueille les fuyards à coups de fusil.

Les troupes reculaient : des renforts viennent de la place d'Armes : c'étaient encore des mobilisés qui voyaient le feu pour la première fois : un contre-temps fâcheux vint compromettre leur courage : six de nos canons étant venu à manquer de munitions, avaient quitté le champ de bataille, ils furent rencontrés dans les rues de Monsort par ces jeunes troupes ; celles-ci crurent à une retraite générale, et aussitôt elles hésitèrent à marcher au combat.

De ce côté notre succès était dès-lors compromis et la lutte inégale ; deux canons Lipowski tenaient encore, mais vers quatre heures, l'un d'eux fut démonté par un obus : il fallut tout l'héroïsme des servants pour le sauver.

Sur plusieurs points, la bataille manquait de direction : la bravoure intelligente et individuelle suppléait au commandement.

Les francs-tireurs postés dans la ferme de Hauteclair avaient dès le début du combat, facilité aux nôtres un mouvement sur la gauche de l'ennemi, et nous l'avons vu, cette attaque eût réussi sans une panique soudaine ; depuis, il fallut abandonner la ferme et se retirer dans les bois de Hauteclair. Cet avantage des Prussiens ne fut pas connu de quelques francs-tireurs embusqués dans le chemin creux, aux hauts bords plantés, se dirigeant d'Alençon vers Arçonnay, et ces malheureux pris à revers furent décimés par les Allemands invisibles derrière ces bâtiments. Ceux-ci dirigèrent aussitôt la fusillade dans la direction du cimetière de Monsort où s'étaient retranchés de nombreux mobilisés, et sur le bois de Hauteclair rempli de francs-tireurs qui prenaient en flanc les colonnes prussiennes et les inquiétaient d'une manière sérieuse.

Par malheur aucune batterie ne prit position sur ces hauteurs dominantes et boisées ; elles eussent divisé et troublé le feu des Prussiens ; peut-être les Lipowski craignirent-ils de se voir coupés de leur ligne de retraite par l'ennemi accourant par la route de Fresnay, ou arrivant sur leurs derrières par les chemins de Bérus ou d'Arçonnay à Hesloup ; aussi se bornèrent-ils à diriger, d'après de prudents avis, quelques canons sur cette voie, pour protéger cette ligne importante.

Sur la gauche des Français, dans la direction de Saint-Pater, la bataille éprouvait les mêmes péripéties.

Le matin, dès leur arrivée au hameau du Coudray, les Prussiens avaient lancé des troupes du côté de Saint-Pater, vers le village de Saint-Gilles : ils voulaient garder leur droite contre toute surprise. Les mobilisés de l'Orne, postés à Saint-Pater et cachés derrière les haies, avancent à leur rencontre : un feu de mousqueterie bien nourri contraint l'ennemi à reculer derrière le village ; c'était au même instant que nos troupes obtenaient sur la route du Mans le seul succès de la journée. Pleins d'ardeur, nos mobilisés se préparaient à débusquer les Prussiens de Saint-Gilles : soudain, sur leurs derrières, ils entendent le feu roulant de l'artillerie ; ils s'arrêtent et se replient vers Saint-Pater.

Il était deux heures : de fortes colonnes ennemies débouchaient sur les routes de Mamers et d'Ancinnes, elles sont accueillies par une vigoureuse fusillade : depuis le matin des troupes françaises venues d'Alençon ou accourues, au bruit du canon, de la barricade de Neufchâtel, gardaient le bourg : le verger du presbytère, les rues du village, la cour du château, les murs des jardins abritent des francs-tireurs et des mobilisés; les Prussiens n'osent entrer dans Saint-Pater : ils font halte à cinq cents mètres, dressent leurs batteries dans un champ situé sur leur gauche, près de la route de Mamers, et ouvrent à bout portant sur les maisons un feu formidable; le presbytère est ébranlé par de nombreux obus, l'intérieur est en flammes, et le curé, occupé au dehors aux devoirs de son ministère, rentre à temps pour sauver, au péril de sa vie, quelques débris de son mobilier; les toits du château s'effondrent, des cheminées s'écroulent, les murs sont traversés par des masses de projectiles. Aussitôt l'ennemi en nombre envahit toutes les rues : les nôtres reculent, s'arrêtent et livrent à chaque carrefour de nouveaux combats. Des mobilisés postés dans la cour du château escaladent les murs du côté de l'église et vont se reformer plus loin; les Prussiens arrivaient à la grille : ils pénètrent dans la cour, fouillent la tour antique où loge le concierge, et ne rencontrent dans la chambre qu'une jeune mère malade réfugiée derrière ces murs épais, et son nouveau-né, dont le premier baptême fut le baptême du feu. Près de cette tour, trois mobilisés surpris à l'improviste, s'étaient réfugiés derrière quelques bourrées; les Prussiens les aperçoivent et les fusillent à dix pas environ : l'un d'eux ne reçut par miracle aucune blessure, il fut fait prisonnier.

Plus loin, les mobilisés de l'Orne se concentraient et se mettaient en bataille près de la barrière du chemin de fer; les Allemands, maîtres de Saint-Pater, se précipitent dans une ferme à portée de cette position, et la fusillade recommence : les nôtres avaient le désavantage, ils combattaient à découvert contre un ennemi abrité par des murs et des fossés. A cet instant, sur la route de Mamers, dans la direction du village, s'avancent des escadrons de cavalerie : le commandant des mobilisés croit voir des chasseurs d'Afrique accourant à son secours après avoir passé la rivière, mais une décharge de mousqueterie lui apprend qu'il doit soutenir une double attaque.

Le combat est acharné, les mobilisés font preuve de solidité, ils résistent au nombre, et ne se retirent que sur le point d'être tournés sur leur gauche par l'ennemi qui se développait dans la direction de la Sarthe et de la fabrique d'Ozé. Plusieurs mobilisés enflammés par la lutte se défendirent avec vigueur dans la maison du garde-barrière : là eut lieu un combat terrible, corps à corps, à la baïonnette : le bruit de la fusillade, le sifflement des balles, les houras des soldats se mêlaient aux cris les plus déchirants; puis le bruit s'éloigna, et lorsque le garde-barrière Ratier et sa femme sortirent de la cave qui les protégeait contre les obus, ils ne trouvèrent dans leur salle que des cadavres et des mourants : un seul mobilisé sans blessure était resté : il n'avait pas voulu abandonner son camarade expirant : honneur à son dévouement!

L'ennemi gagnait du terrain, les Français le tenaient en respect, embusqués dans un petit chemin creux conduisant de la route à Ozé. Quelques francs-tireurs furent tués en cet endroit. Les Prussiens prononçaient alors leur mouvement tournant vers la fabrique; une compagnie se dirigeait même vers la Sarthe, lorsque de courageux citoyens et de braves employés du chemin de fer, commandés par M. Sauron, chef de gare d'Alençon, en embuscade près du pont coupé sur la voie ferrée, reçurent les Allemands à coups de fusil, en tuèrent un certain nombre et rendirent les autres moins hardis à s'aventurer sur cette ligne.

Pendant que la cavalerie, les fantassins et es canons forçaient nos troupes à se rapprocher d'Alençon, tout en défendant le terrain pied à pied, les obus pleuvaient sur la ville.

Le quartier de Monsort le plus rapproché fut le premier bombardé; la plupart des habitants bravaient dans les rues les projectiles; la minorité chercha un refuge dans les caves. Les obus atteignirent bientôt le centre de la cité : un moment la place d'Armes fut menacée : ordre fut donné de la faire évacuer par les femmes et les enfants : il était environ quatre heures et demie; toutes les troupes étaient au feu, sauf quelques réserves.

La garde nationale appelée sous les armes gardait les rues de Monsort et arrêtait les fuyards qui se dérobaient au combat.

Ce fut alors que des télégrammes de Chanzy et du Ministre de la guerre confirmèrent et restituèrent les pouvoirs au général de Malherbe; (1) ces dépêches portaient que le Comité de défense seul devait prendre des mesures contre l'ennemi, et que nul ne devait être privé de sa part d'autorité et de responsabilité; elles donnaient en outre au Général le commandement des mobilisés.

Il devenait urgent de prendre une sage résolution et d'assurer la retraite des soldats : un Conseil de guerre se réunit et décida que les troupes devaient le soir même évacuer la ville; en même temps, ordre fut donné aux Lipowski de maintenir l'ennemi jusqu'à la nuit.

Celui-ci, vers cinq heures, ne trouvant plus de canons sur la route du Mans, s'était avancé sur le hameau de la Détourbe; accueilli par une violente fusillade partie du cimetière de Monsort, il s'arrête : alors les francs-tireurs et les mobilisés de l'Orne, en réserve près de la barricade, s'élancent à sa rencontre à la baïonnette. Le choc est rude

(1) Procès-verbaux des séances du Conseil municipal.

et l'ennemi culbuté est contraint de regagner l'avenue de Hauteclair, après avoir éprouvé quelques pertes.

Ce fut la dernière action de la journée : la vaillance et l'intrépidité des francs-tireurs, des mobilisés de l'Orne et de quelques officiers de la Mayenne avaient trompé les Prussiens sur la force de nos troupes : aussi l'ennemi persuadé qu'il était en présence d'un corps de l'armée de Chanzy, et certain qu'il serait attaqué le lendemain, travailla-t-il toute la nuit à élever une barricade au village du Coudray.

L'obscurité mit fin à la lutte : les coups de canon se ralentirent et cessèrent bientôt. Les tirailleurs allemands seuls continuèrent à tirer des coups de fusil une grande partie de la nuit.

Aucune armée française ne vint renforcer nos troupes : livrer combat sous les murs de la ville eût été une faute sans excuse pour un Général. Si même l'ennemi eût connu nos forces et la topographie des environs, il pouvait, par un mouvement facile, au moyen de chemins détournés et non gardés, partant soit de Bérus ou d'Arçonnay, soit de Saint-

Pater, et se dirigeant par Saint-Germain ou par Courteille, et permettant de dépasser Alençon, apparaître soudain sur la route du Mans, envelopper la ville et faire tous nos soldats prisonniers ; l'énergie de la résistance et l'ignorance des positions nous sauvèrent d'un nouveau désastre.

La bataille avait duré de neuf heures du matin à six heures du soir ; les nôtres avaient arrêté un corps d'armée important : c'était l'avant-garde du troisième corps, sous les ordres du grand-duc de Mecklembourg-Schwerin.

Les Français dominés par le nombre et par les positions ennemies, avaient eu néanmoins l'avantage de s'abriter la plupart du temps derrière les maisons, les arbres et les plis de terrain : aussi nos pertes ne dépassèrent-elles pas en morts une soixantaine de soldats ; une centaine de blessés furent recueillis et pansés dans les ambulances de la ville ; parmi ces derniers se faisait remarquer M. Charles D'Avout, engagé volontaire, le digne cousin du glorieux Maréchal qui, après avoir terrassé la Prusse à Iéna, entra le premier à Berlin et reçut le titre de duc d'Auerstædt, village témoin de sa victoire.

Souvent les Allemands combattirent à découvert ou tombèrent dans les embuscades des Français ; de leur aveu leurs pertes dépassèrent de beaucoup les nôtres : le soin et l'empressement qu'ils mettent à enlever leurs soldats frappés dans la lutte ne permettent pas toutefois d'en connaître les chiffres. (1)

Du côté de Saint-Pater les troupes s'étaient retirées à la nuit dans l'intérieur de la ville ; cette retraite facilita la vengeance et les représailles des soldats prussiens. Vers neuf heures ceux-ci se répandent vers la route de Mamers, fouillent les maisons, recherchent les traînards, enduisent les portes des maisons de pétrole, incendient plusieurs bâtiments (2) et pillent quelques magasins. (3)

Là ne s'arrêtent pas leurs cruautés : ils envahissent les demeures de pauvres ou-

(1) Le bruit se répandit que les Allemands avaient eu de cinq à huit cents hommes hors de combat.

(2) Les maisons de MM. Jarry, Pianchant, Delrue furent brûlées.

(3) Le café de M. Prudent fut pillé.

vriers et contraignent ces derniers, le pistolet sous la gorge, à mettre eux-mêmes le feu à leur mobilier; ces malheureux habitants, affolés de terreur, sont placés entre l'incendie qui les étouffe à l'intérieur, et les balles qui sillonnent à l'extérieur les routes dans toutes les directions; c'est en rampant sur le sol qu'ils cherchent leur salut chez des voisins plus heureux.

Soudain le ciel paraît embrasé, la campagne blanche de neige reflète au loin une lumière boréale : c'est un vaste incendie qui jette l'épouvante dans Alençon; il est alimenté par des milliers de bourrées destinées à la briqueterie (1) de la route d'Ancinnes.

C'est à la lueur sinistre de tous ces incendies que s'effectue la retraite de nos troupes sur la place d'Armes; là tout est sombre: les soldats fatigués, abattus, affamés se massent en silence; les colonnes se dirigent tristement et lentement sur la route de Bretagne.

Les gardes nationaux déposent leurs armes

(1) Cette briqueterie appartient à MM. Papillon et Fouet.

à la Mairie, ils ont au moins la consolation de les sauver et de ne pas les rendre à l'ennemi.

Le Conseil municipal (1) se déclare en permanence, et chacun attend l'ennemi à son poste.

Alençon tombait comme est tombée la France ; la ville ne se courbait pas, son patriotisme cédait devant la force, écrasé par soixante-quinze canons et trente mille baïonnettes.

(1) Procès-verbaux du Conseil municipal.

III

L'Occupation.

Quelle nuit d'insomnie et d'anxiété!..... l'ennemi sera-t-il implacable en sa vengeance?... voudra-t-il la ruine et le pillage?....

Le drapeau blanc est hissé sur les clochers des églises et sur l'Hôtel-de-Ville : là ses plis agités par le vent frappent sans cesse les timbres de l'horloge, et des sons plaintifs semblent tomber comme des larmes sur les malheurs de la Patrie.

Le deuil plane sur la cité : la place d'Armes est déserte, les magasins restent fermés; un dégel subit a transformé en boue épaisse la neige de la veille.

Vers sept heures du matin apparaissent

les premiers uhlans; ils arrivent de Saint-Pater; leur course est rapide; ils vont à la Mairie, tournent bride, se rendent à la poste, saisissent les dépêches; d'autres se précipitent vers la gare, coupent les fils télégraphiques; quelques-uns se rendent à la préfecture : l'Hôtel est désert, dès le dimanche soir M. Antonin Dubost s'était retiré avec l'armée.

Bientôt des escadrons ennemis s'élancent dans la direction du Mans, de Damigny et de la forêt d'Ecouves : toutes les routes sont éclairées, toutes les rues sont gardées : quelques mobilisés attardés deviennent prisonniers; l'un d'eux, près de la halle au blé, sommé par un uhlan de se rendre, est frappé d'une balle dans sa fuite; il expire sur place : ce fut la première victime de l'occupation.

Déjà des officiers prussiens avaient demandé le Maire à l'Hôtel-de-Ville et l'avaient emmené au quartier général. Là ce Magistrat est interrogé sur la présence des troupes françaises dans la ville; puis il est informé que le corps d'armée entier du Grand-Duc de Mecklembourg va prendre possession d'Alençon : M. Lecointre répond à l'ennemi avec le calme et la fermeté qui l'ont distingué au milieu de nos épreuves.

Alors arrive sur la place d'Armes une avant-garde d'infanterie au casque pointu, elle attend les troupes l'arme au pied, et vers onze heures, l'armée fait son entrée en ville : des escadrons de ulhans défilent les premiers, ils ont un air audacieux et provoquant; ils sont suivis de l'infanterie au casque doré, puis viennent les éternels cuirassiers blancs; les hussards de la mort à l'uniforme sinistre : le bruit augmente, c'est l'âme de la Prusse, c'est l'artillerie, dont chaque pièce est attelée de six chevaux; ce sont les innombrables charriots du train, remplis de munitions et de rapines, ce sont les voitures des ambulances au drapeau blanc et à la croix rouge.

L'ordre le plus parfait règne dans l'armée; les soldats se distinguent par la discipline sévère, la propreté de l'uniforme, l'air de santé. — La cavalerie se range dans la rue de Bretagne, le train et l'infanterie s'arrêtent sur la place d'Armes : les uns chantent des airs nationaux, les autres pénètrent dans les maisons et se font reconforter de cognac, de vin et d'aliments.

Vers midi la musique joue ses airs de triomphe; les hourrahs des soldats retentissent : cet enthousiasme est provoqué par l'arrivée du général en chef, le Grand-duc de Mecklembourg. Il descend près de la place, au café de la Rotonde, étale ses cartes et désigne les quartiers de la ville que doivent occuper les troupes; de là il se dirige, suivi de son état-major, vers l'hôtel de la Préfecture.

Aussitôt de nouveaux régiments débouchent, musique en tête, dans tous les quartiers et dans toutes les rues; ils arrivent les uns par les routes du Mans et d'Ancinnes, les autres par les routes de Mamers et de Fresnay.

Des sous-officiers parcourent les maisons et indiquent à la craie sur les portes le nombre et le rang des soldats qu'elles doivent recevoir. Les habitants sont prévenus qu'ils doivent livrer toutes leurs armes à la mairie : celles qui sont apportées sont brisées et jetées dans la rivière la Briante.

Alençon est au pouvoir de l'ennemi;

nous devrions arrêter notre récit à cette phase de nos malheurs; mais comment ne pas rappeler les exactions commises par ces exécrables soldats du mystique Guillaume, le digne successeur des Attila et des Tamerlan. Les villes les plus soumises ont éprouvé les mêmes déprédations : aussi la protestation du Ministre des affaires étrangères est-elle le document le plus complet sur ces horreurs : nous voulons reproduire ce monument qui frappe d'un stigmate indélébile cette nation systématiquement barbare.

Le 29 novembre, M. de Chaudordy s'exprimait de la manière suivante :

« Nous savons les conséquences de la victoire et les nécessités qu'entraînent d'aussi vastes opérations stratégiques. Nous n'insisterons point sur ces réquisitions démesurées en nature et en argent, non plus que sur cette espèce de marchandage militaire qui consiste à imposer les contribuables au delà de toutes leurs ressources. Nous laissons à l'Europe de juger à quel point ces excès furent coupables. Mais on ne s'est pas contenté d'écraser ainsi les villes et les villages;

on a fait main-basse sur la propriété privée des citoyens.

» Après avoir vu leur domicile envahi, après avoir subi les plus dures exigences, les familles ont dû livrer leur argenterie et leurs bijoux. Tout ce qui était précieux a été saisi par l'ennemi et entassé dans ses sacs et ses chariots. Des effets d'habillement enlevés dans les maisons ou dérobés chez les marchands, des objets de toute sorte, des pendules, des montres ont été trouvés sur les prisonniers tombés entre nos mains. On s'est fait livrer et l'on a pris au besoin aux particuliers jusqu'à de l'argent. Tel propriétaire, arrêté dans son château, a été condamné à payer une rançon personnelle de 80,000 francs. Tel autre s'est vu dérober les châles, les fourrures, les dentelles, les robes de soie de sa femme. Partout les caves ont été vidées, les vins empaquetés, chargés sur des voitures et emportés. Ailleurs, et pour punir une ville de l'acte d'un citoyen coupable uniquement de s'être levé contre les envahisseurs, des officiers supérieurs ont ordonné le pillage et l'incendie, abusant pour cette exécution sauvage de l'implacable discipline imposée à leurs troupes. Toute maison où un franc-tireur a été abrité ou nourri est incendiée. Voilà pour la propriété.

» La vie humaine n'a pas été respectée davantage. Alors que la Nation entière est appelée aux armes, on a fusillé impitoyablement non-seulement des paysans soulevés contre l'étranger, mais des soldats pourvus de commissions et revêtus d'uniformes légalisés. On a condamné à mort ceux qui tentaient de franchir les lignes prussiennes, même pour leurs affaires privées.

» L'intimidation est devenue un moyen de guerre; on a voulu frapper de terreur les populations, et paralyser en elles tout élan patriotique. Et c'est ce calcul qui a conduit les états-majors prussiens à un procédé unique dans l'histoire : le bombardement des villes ouvertes.

» Le fait de lancer sur une ville des projectiles explosibles et incendiaires, n'est considéré comme légitime que dans des circonstances extrêmes et strictement déterminées. Mais, dans ces cas même, il était d'un usage constant d'avertir les habitants; et jamais l'idée n'était entrée jusqu'à présent dans aucun esprit, que cet épouvantable moyen de guerre pût être employé d'une façon préventive. Incendier des maisons, massacrer de loin les vieillards et les femmes, attaquer pour ainsi dire les défenseurs dans l'existence même de leurs familles, les atteindre dans les sentiments les plus profonds de l'humanité, pour qu'ils viennent ensuite s'abaisser devant le vainqueur et solliciter les humiliations de l'occupation ennemie, c'est un raffinement de violence calculée qui touche à la torture.

» On a été plus loin cependant, et, se prévalant par un sophisme sans nom de ces cruautés même, on s'en est fait une arme. On a osé prétendre que toute ville qui se défend est une place de guerre, et que, puisqu'on la bombarde, on a ensuite le droit de la traiter en forteresse prise d'assaut. On y met le feu après avoir inondé de pétrole les portes et les boiseries des maisons.

» Si on lui épargne le pillage, c'est une faveur qu'elle doit payer en se laissant rançonner à merci, et même lorsqu'une ville ouverte ne se défend pas, on a pratiqué le système du bombardement sans explication préalable et avoué que c'était le moyen de la traiter comme si elle s'était défendue et qu'elle eût été prise d'assaut.

» Il ne restait plus pour compléter ce Code barbare que de rétablir la pratique des otages. La Prusse l'a fait. Elle a appliqué partout un système de responsabilités indirectes qui, parmi tant de faits iniques, restera comme le trait le plus caractérisé de sa conduite à notre égard. Pour garantir la sûreté de ses transports et la tranquillité de ses campements, elle a imaginé de punir toute atteinte portée à ses soldats ou à ses convois par l'emprisonnement, l'exil ou même la mort d'un des notables du pays. L'honorabilité de ces hommes est devenue ainsi un danger pour eux. Ils ont eu à répondre sur leur fortune ou sur leur vie d'actes qu'ils ne pouvaient ni prévenir, ni réprimer, et qui, d'ailleurs, n'étaient que l'exercice légitime du droit de défense. Elle a emmené quarante otages parmi les habitants notables des villes de Dijon, Gray et Vesoul, sous prétexte que nous ne mettions pas en liberté quarante capitaines de navire faits prisonniers selon les lois de la guerre.

» Mais ces mesures, de quelques brutalités qu'elles fussent accompagnées dans l'application, laissaient au moins intacte la dignité de ceux qui avaient à les subir. Il devait être donné à la Prusse de joindre l'outrage à l'oppression. On a exigé de malheureux paysans entraînés par force, retenus sous menace de mort, de travailler à fortifier les ouvrages ennemis et à agir contre les défenseurs de leur propre pays. On a vu des magistrats, dont l'âge aurait inspiré le respect aux cœurs les plus endurcis, exposés sur les machines des chemins de fer à toutes les rigueurs de la mauvaise saison et aux insultes des soldats. Les sanctuaires des églises ont été profanés et matériellement souillés. Les prêtres ont été frappés, les femmes maltraitées, heureuses encore lorsqu'elles nont pas eu à subir de plus cruels traitements.

» Il semble qu'à cette limite il ne reste plus, dans ce que l'on appelait jusqu'ici du beau nom de droit des gens, aucun article qui n'ait été violé outrageusement par la Prusse. Les actes ont-ils jamais à ce point démenti les paroles ?

» Tels sont les faits. La responsabilité en

pèse tout entière sur le Gouvernement prussien. Rien ne les a provoqués, et aucun d'eux ne porte la marque de ces violences désordonnées auxquelles cèdent parfois les armées en campagne. Il faut qu'on le sache bien, ils sont le résultat d'un système réfléchi dont les états-majors ont poursuivi l'application avec une rigueur scientifique. Ces arrestations arbitraires ont été décrétées au quartier général, ces cruautés résolues comme un moyen d'intimidation, ces réquisitions étudiées d'avance, ces incendies allumés froidement avec des ingrédients chimiques soigneusement apportés, ces bombardements contre des habitants inoffensifs ordonnés. Tout a donc été voulu et prémédité. C'est le caractère propre aux horreurs qui font de cette guerre la honte de notre siècle.

« La Prusse a non-seulement méconnu les lois les plus sacrées de l'humanité, elle a manqué à ses engagements solennels. Elle s'honorait de mener un peuple en armes à une guerre nationale. Elle prenait le monde civilisé à témoin de son bon droit; elle conduit maintenant à une guerre d'extermination ses troupes transformées en hordes de pillards ; elle n'a profité de la civilisation moderne que pour perfectionner l'art de la destruction. »

Tels furent les maux en majeure partie éprouvés par le département de l'Orne.

Les nombreuses voitures remplies de Juifs, compagnons et receleurs de l'armée Allemande, furent le premier et scandaleux avertissement des rapines, suivi bientôt d'une exécution déplorable.

Les rues d'Alençon étaient inondées de soldats ; la campagne regorgeait de troupes ; Saint-Pater fut occupé par des escadrons de cavalerie : aussi, pailles, avoines, orges, foins, tout fut enlevé et pillé ; les habitants sont même forcés d'abandonner leurs lits à cette soldatesque brutale ; Arçonnay eut le même sort : il fut contraint de verser trois mille francs au commandant prussien ; à Damigny, le Maire, M. Caplat, sauva par son énergie la commune de ces impositions vexatoires.

A tant de souffrances, aucun remède ; il fallait dévorer l'affront en silence : la résistance eût amené le bombardement et la ruine ; les canons ennemis braqués sur la ville, des hauteurs de Hesloup, de Saint-Pater et de la route du Mans étaient une menace incessante contre toute tentative de révolte.

Aussi à l'arrogance, Alençon opposa-t-il le calme froid, la fermeté digne, et l'énergie imposante : le Maire et le Conseil municipal fùrent toujours sur la brèche ; sans cesse ils combattirent les prétentions exorbitantes du vainqueur, et dans ces moments douloureux ils soutinrent le courage des habitants et furent la sauve-garde publique.

Bientôt les réquisitions furent notifiées au Conseil municipal : vingt-quatre heures, tel était le délai fatal fixé pour leur acquittement ; cette demande avait pour sanction le pillage ; comment se procurer dans un temps aussi limité :

60,000 livres de pain.
120,000 livres de farine.
300 bœufs.
20,000 livres de porc salé.
12,000 litres de cognac.
20,000 livres de haricots.

10,000 livres de riz.
10,000 livres de café brûlé.
600,000 cigares.
12,000 livres de tabac.
6,000 livres de sel.
600,000 litres d'avoine.
30,000 livres de foin.
50,000 livres de paille.

Ces réquisitions concernaient l'armée ennemie. De son côté le Grand-Duc exigeait sous peine de 50,000 fr. d'indemnité :

2 veaux (tués).
12 dindons.
12 oies grasses.
20 poules.
100 boîtes de sardines.
100 terrines de foies gras.
100 saucissons.

La situation était grave ; les prétentions paraissaient d'une exécution impossible ; les intendants affichaient une exigence menaçante ; la discussion avec ces officiers arrogants devenait inutile et pénible. Le Conseil municipal décida qu'il s'adresserait au Grand-Duc lui-même. M. Lion, professeur d'allemand au lycée fut l'interprète infatigable entre les Autorités.

Frédéric-François, Grand-Duc de Mecklembourg-Schwerin est de taille moyenne, il est blond et paraît jeune encore ; c'est avec courtoisie qu'il reçoit le Maire et deux Conseillers municipaux ; (1) il rassure ces délégués de la ville contre les menaces du pillage, et les engage à faire leurs efforts pour remettre à ses officiers les fournitures réclamées. (2)

Ces démarches hardies excitent la vengeance des Intendants : à peine de retour à l'Hôtel-de-Ville, le Maire fut averti par un ordre émané de l'état-major qu'Alençon devait payer, dans les vingt-quatre heures, une indemnité de trois cent mille francs, en représailles de la résistance opposée à l'entrée de l'armée prussienne.

Nouvelle protestation du Conseil municipal, nouvelle menace d'exécution militaire

(1) MM. Hommey et Sanson.

(2) Procès-verbaux des séances du Conseil municipal.

et d'arrestation de douze notables : le Maire, quoique menacé dans sa personne invita avec fermeté le Conseil à ne pas se préoccuper de sa situation particulière, mais à continuer de ne s'inspirer que des intérêts de la cité.

Il fallait sauver la ville de l'émotion qui la dominait : un emprunt à 6 0/0 fut bientôt couvert; puis des Commissaires sont chargés de l'achat des réquisitions; dès lors vêtements, chevaux, moutons, bestiaux, café et mille autres objets sont livrés aux Allemands, dont les demandes augmentent à mesure des livraisons. — Toutefois les cigares, les tabacs, les pois furent refusés à cause de leur rareté dans la ville. — Les Prussiens se chargèrent de rechercher ces objets dans les magasins qu'ils dévalisèrent sous ce prétexte.

L'autorité allemande ordonne ensuite à la Municipalité de remplir les coupures des routes, sous peine d'une amende de 500 fr. par coupure.

Le régime de la force et de la terreur vient frapper de crainte la population.

Il fut interdit aux habitants de sortir de

la ville; après 9 heures du soir, nul ne pouvait quitter son domicile, et plus d'un habitant, obligé dans la nuit de parcourir les rues, entendit des balles ennemies siffler à ses oreilles.

La vie était suspendue, les horloges elles-mêmes avaient cessé de marquer les heures. Le jour, la tristesse régnait en tous lieux, les magasins restaient fermés; le soir les rues étaient désertes; de fortes patrouilles en troublaient seules le silence et la monotonie.

Sur les murs se trouvaient affichées les lois martiales de la Prusse, ainsi conçues :

PROCLAMATION

NOUS, Général Gouverneur à Reims,

D'après les ordres de sa Majesté le Roi de Prusse, Commandant en chef des armées allemandes, avons arrêté et arrêtons les dispositions suivantes, que nous portons à la connaissance du public :

1° La juridiction militaire est établie par la présente. Elle sera appliquée, dans l'étendue du territoire français occupé par les troupes allemandes, à toute action tendant à compromettre la sécurité de nos troupes, à leur causer des dommages ou à prêter assistance à l'ennemi.

La juridiction militaire sera réputée en vigueur et proclamée pour toute l'étendue d'un arrondissement, aussitôt que cette publication sera affichée dans une des localités qui en font partie;

2° Toutes les personnes qui ne font pas partie de l'armée française et n'établiront pas leur qualité de soldat par des signes extérieurs, et qui :

a. Serviront l'ennemi en qualité d'espions,

b. Egareront les troupes allemandes quand elles seront chargées de leur servir de guides,

c. Tueront, blesseront ou pilleront des personnes appartenant aux troupes allemandes ou faisant partie de leur suite,

d. Détruiront des ponts ou des canaux, endommageront les lignes télégraphiques ou les chemins de fer, rendront les routes impraticables, incendieront des munitions, des provisions de guerre ou les quartiers des troupes, *e*. Prendront les armes contre les troupes allemandes,

Seront punies de la peine de mort.

Dans chaque cas, l'officier ordonnant la procédure, instituera un conseil de guerre chargé d'instruire l'affaire et de prononcer le jugement. Les conseils de guerre ne pourront condamner à une autre peine qu'à la peine de mort; leurs jugements seront exécutés immédiatement.

Le Gouverneur général,

Signé : FRÉDÉRIC-FRANÇOIS,

Grand-Duc de Mecklembourg-Schwerin, commandant le 13e corps d'armée.

La France allait-elle subir les destinées de la Pologne?....

Le 20 janvier se répand le bruit du départ de l'armée ennemie et, en effet, pendant plus de 12 heures, des centaines de charriots chargés de rapines et de réquisitions traversèrent toutes les rues; puis le 13e corps d'armée composé de 30,000 soldats et de 75 canons quitta la ville et se dirigea vers les départements de l'Eure et de la Seine-Inférieure.

Avant de partir, les Allemands engagèrent les habitants à respecter leurs patrouilles, promettant dans ce cas, de ne plus venir occuper la ville; quelques jours après cet avertissement, ils furent attirés par le retour offensif du Préfet; une troisième fois encore leurs bataillons reparurent dans la cité; celle-ci envahie, malgré un armistice antérieur à cette dernière occupation, eut à subir de nouvelles charges, à nourrir de nouvelles troupes, à payer de nouvelles indemnités, à subir même un simulacre de pillage; la résistance des Autorités entraîna l'emprisonnement de la plupart des Membres du Conseil municipal, de quelques notables, et l'arrestation du Maire et de cinq Conseillers qui furent emmenés comme otages. (1)

Ces mesures arbitraires vinrent frap-

(1) Ces Conseillers emprisonnés sont MM. Lecointre, maire, Tixier, notaire; Romet, Sanson, négociants, le docteur Prévost; Geslin, négociant; Baudry, Poupet, Lherminier, avocats; Hommey, notaire; Saillant, négociant. Le Maire et les cinq derniers furent emmenés comme otages.

per la plupart des communes du département de l'Orne. Elles ne réussirent qu'à démontrer l'énergie et le dévouement des Administrations municipales. Le patriotisme et la résistance des populations ne firent que s'exalter en présence des exactions d'un ennemi sans pitié qui faisait revivre cette devise des temps les plus barbares : « Malheur aux vaincus! »

Væ victis.

IV

Épisodes

Au milieu de l'action rapide, étendue et incessante d'une bataille et d'une occupation, de nombreux épisodes restent souvent dans l'ombre et dans l'oubli ; malgré leur importance très-secondaire, ils appartiennent néanmoins à l'histoire :

Le 15 janvier, pendant le combat, un habitant de Saint-Pater s'avise d'aller à la chasse : le fusil en main, il bat les champs : les Prussiens le surprennent, et le malheureux paie son délit de sa vie : pris pour un franc-tireur, il est fusillé sans merci.

Dans le village, un soldat prussien aperçoit des oies près d'une habitation : son premier soin est d'enlever une de ces votailles : le propriétaire a la fatale idée de prétendre défendre son bien : aussitôt il est massacré sans pitié par le voleur barbare.

Le soir un général et son état-major s'installent au château de Saint-Pater; les portes sont brisées, les appartements forcés, fouillés en tous sens : honneur au caveau! à lui la première visite; bouteilles nombreuses, mais vin ordinaire et pas de Champagne; certes il y a fraude : le Prussien a l'habitude et la science des découvertes; aussi quelques instants lui suffisent-ils pour trouver et défoncer un second caveau muré; là sont cachés les meilleurs crûs de Champagne et les vins les plus savoureux célébrés par Brillat-Savarin. Aussi l'orgie fut-elle complète : l'Allemagne ne tarda pas à prouver qu'elle savait s'enivrer autrement que par ses triomphes.

M. de Saint-Pater devait trouver sa vengeance.

Ses chevaux sont amenés dans le parc : l'un d'eux, poney fier et vigoureux, fait l'admiration des Allemands : un uhlan s'élance sur son dos, l'animal semble comprendre qu'il porte l'ennemi de son maître, et d'un bond rapide il lance au loin le cavalier honteux, ensuite il se retourne et paraît défier l'escadron tout entier ; un second uhlan subit le même sort, puis un troisième, les plus habiles sont démontés ; le poney obtint la récompense de son patriotisme, il fut laissé aux écuries du château.

Par malheur beaucoup d'autres animaux n'eurent pas le même avantage : nombre de chevaux furent enlevés sans utilité, abandonnés sur la voie publique ou laissés à des pauvres, qui même refusaient ce présent onéreux. Partout les bestiaux jonchaient les routes, quelques-uns furent dépecés et distribués aux habitants malheureux.

Le soir du combat, les Prussiens firent de grands feux dans le voisinage de la commune d'Arçonnay, Le bruit se répandit qu'ils brûlaient leurs morts : ce fut une erreur : des lambeaux de vêtements trouvés près des foyers accréditèrent ces rumeurs : peut-être les soldats avaient-ils livré au feu les uniformes arrachés aux cadavres des Français dépouillés sur le champ de bataille.

Pendant que des soldats allemands se chauffaient dans la campagne, d'autres cherchaient un abri dans les maisons du bourg : un incendie, résultant de leur imprudence, ne tarda pas à éclater dans une habitation. (1)

La terreur et la dévastation sont les fidèles alliés des Prussiens : la fabrique importante de toiles d'Ozé faillit devenir la proie des flammes ; l'ennemi l'épargna seulement parce qu'elle contenait quatre cents ouvriers: ceux-ci, le lendemain, sans travail et sans pain, auraient pu dans leur désespoir inquiéter le vainqueur.

Sans canon, la Prusse n'a plus de prestige ; aussi toujours accompagné de sa formidable artillerie, l'ennemi sème-t-il ses obus en tous lieux : le 15 janvier, de nombreux projectiles atteignirent, dans Alençon, la maison de M. Lambert, rue du Pont-Neuf ; la demeure de M. Clairefontaine, rue du Bercail ; d'autres tombèrent à la Porte-de-Seès, chez M. Gousset ; chez M. Leclair, rue de Sarthe ; dans les bureaux de la Préfecture, rue Saint-Blaise ; un balcon fut brisé à l'entrée de Monsort, près de la barricade ; dans les chantiers de M. Drans, sur la route du Mans,

(1) Chez un nommé Pilon.

un hangar fut complétement détruit par un incendie.

Le lendemain, trois enfants trouvèrent un obus, route de Mamers : l'un d'eux âgé de quinze ans, cherche à briser à coup de pierre ce projectile, celui-ci par malheur éclate, enlève la main, brise la jambe, ouvre les entrailles de l'infortuné qui meurt le lendemain au milieu de souffrances atroces. Les deux autres enfants reçurent de graves blessures.

Si le bruit des canons allemands alarme la population, les francs-tireurs vengent ces craintes légitimes par l'effroi qu'ils inspirent aux soldats ennemis.

Dans une ambulance de la ville sont amenés deux blessés : l'un est français, l'autre prussien ; voisins de lit, la souffrance amène la paix, tous deux deviennent amis.

Mais bientôt la franchise perdit tout : un jour le français avoue à son camarade qu'il est franc-tireur.

A ce mot l'allemand frissonne, il pâlit, il se couche, il a la fièvre....

Le lendemain son lit est vide.... le malade a disparu, et c'est en vain qu'on le cherche.

Un voisin raconte qu'il a vu dans la nuit

un individu escalader la grille de l'ambulance, il paraissait en proie au délire et répétait sans cesse : Franc-tireur, capout à moi.... capout à moi !

Il fuit encore.

Dans cette guerre funeste nous fûmes parfois victimes de nos compatriotes : ainsi, au moment du pillage de la gare du chemin de fer par les Prussiens, une populace sans cœur et sans honte vint en aide à nos ennemis : des glaces furent brisées, toutes les vitres volèrent en éclats, du charbon fut enlevé; il en fut de même de la caserne de la remonte qui fut dévastée; l'hôtel et les bureaux de la Préfecture furent même un moment menacés : les pillards oublient trop souvent que la ruine du pays, c'est la misère des pauvres. L'exemple du reste est contagieux, et la morale de ces peuples ravageurs qui volent pour leurs femmes et leurs enfants, entraîne vite à les imiter les classes sans scrupules et sans éducation.

Plus d'un trésor fut confié à la terre : ce moyen sauva l'argent et les bijoux des recherches minutieuses des soldats : en effet ces derniers profitaient de l'embarras que leur grand nombre produisait dans chaque habitation pour fouiller les placards et forcer les serrures avec une habileté qui restera proverbiale.

Les procédés violents qui suivirent l'invasion augmentèrent, parmi les malades, les nombreuses victimes de l'épidémie variolique qui infectait la ville.

Les officiers cherchaient à s'excuser de toutes ces vexations, ils affectaient une éducation distinguée, recherchaient la société de leurs hôtes, mais souvent en vain, et priaient même la maîtresse du logis de leur faire l'honneur d'une toilette nouvelle pour le moment du repas, selon l'usage allemand; mais ces faux gentlemen ne soupçonnant pas les délicatesses du sentiment des convenances, trouvaient naturel tantôt d'insulter leur hôtesse en touchant sur son piano des airs de triomphe, tantôt de convier à son insu des amis à sa table, tantôt de donner à ses frais une soirée bruyante.

Il est vrai que ces burgraves eurent parfois des largesses pour les domestiques, mais leurs déprédations facilitaient leurs générosités.

Il y eut cependant des exceptions nombreuses à cette manière d'agir : certains officiers et des compagnies entières de soldats furent d'une grande convenance : ils paraissaient déplorer la conduite de leurs armées, et faisaient leurs efforts pour se faire pardonner leur présence.

Le courage et le patriotisme de tous les citoyens furent pour la France une consolation au milieu de nos infortunes : nul n'abandonna son poste sans ordre supérieur; les tribunaux continuèrent à rendre la justice, et l'Administration municipale sut concilier avec les rudes exigences qui pesaient sur elle, ce qu'elle devait à la dignité de ses fonctions et à son honneur d'Administration française. (1)

La compagnie des sapeurs-pompiers (2) dut à son excellente discipline l'honneur de conserver ses armes et de continuer son service dans la ville pendant l'occupation.

Le drapeau français ne cessa pas de flotter sur l'Hôtel-de-Ville.

(1) Procès-verbaux du Conseil municipal.

(2) Capitaine, Martel, ingénieur civil.

Le 20 janvier, le troisième corps d'armée évacua la ville d'Alençon : l'ennemi avait enfermé dans la prison de nombreux prisonniers français : dans la précipitation du départ, ces derniers sont oubliés : aussitôt M. Mortier, commissaire de police, court prévenir M. Harger, directeur de la prison, et tous deux, inspirés par leur patriotisme, se dévouent à l'évasion de leurs compatriotes.

A peine le dernier Français était-il à l'abri, que des uhlans reviennent et réclament leurs prisonniers. Il leur fut répondu que depuis longtemps les Prussiens les avaient emmenés. Cependant les soldats allemands peu crédules visitent, mais en vain, les cellules et les dortoirs : l'armée s'éloignait, il fallut abandonner cette proie.

Pendant ce temps les fugitifs trouvèrent leur salut dans l'enceinte du tribunal civil.

En ce jour, le palais de justice, respecté par l'invasion, recouvra les priviléges des anciens temples et des asiles inviolables du moyen-âge.

V

L'ORNE

La domination et la prospérité de la France ont pu soulever les colères et les convoitises des Empires; ses malheurs, de nos jours, lui ont acquis l'amitié et le dévouement des Peuples. Ses défaites, résultat de gigantesques batailles ont inspiré le respect du vainqueur lui-même; la Patrie toujours fière, toujours frémissante n'a-t-elle pas combattu de longs mois sans armées, sans généraux et presque sans espérances; la valeur et l'abnégation énervées par l'indécision des chefs, l'indiscipline des soldats, le relâchement des mœurs, la négligence de l'Etat, ont cédé, brisées par les masses, les canons et la famine. Dans toutes les provinces néanmoins, l'invasion a régénéré les courages; la résistance s'est montrée à outrance, les villes ouvertes comme les places fortes, Châteaudun comme Paris, ont retardé la marche des armées allemandes.

Quelle fut la part et le rôle du département de l'Orne dans ce drame immense et sanglant?

Les populations ont montré du courage sans emportement et de la raison sans défaillance. Les légions de l'Orne mal équipées, mal chaussées, mal nourries ont toujours combattu avec solidité, et leurs chefs, le colonel des Moutis (1) le premier, ont fait preuve de valeur et d'habileté. Longtemps leur énergie a maintenu le flot menaçant des ennemis.

Les habitants des villes disposés à lutter et à repousser les Prussiens, ont réclamé la résistance à outrance, mais loin des cités

(1) Le colonel des Moutis fut nommé sur le champ de bataille officier de la Légion d'honneur et reçut en outre le commandement d'une brigade à l'armée de Chanzy.

ouvertes : leur raison leur défendait des sacrifices sans utilité et sans compensation ; Alençon, prêt à s'immoler pour le salut de l'armée de Chanzy, a protesté seulement contre des résolutions inutiles et ruineuses.

Pendant toute la guerre, les Dames ont montré les trésors d'un dévouement inépuisable envers les blessés de l'armée : réunies sous le nom de *Dames des Ambulances de la Gare*, leur charité chaque jour a soulagé les nombreuses victimes des combats, épuisées par les souffrances de leurs plaies et les fatigues de longs voyages.

Le courage civique et le sang-froid chez les Magistrats et les Conseils municipaux ont grandi avec les menaces, les persécutions, l'exportation et la captivité.

Partout, dans l'Orne, les citoyens se sont inspirés de l'énergie de la défense : vaincus, l'ennemi les a trouvés dignes et calmes. Leur patriotisme, insulté par la présence de l'étranger, a fortifié sa haine profonde par sa confiance en l'avenir; en effet, en ce jour, surprise et abattue par la force, la France se relevera par l'ordre, l'union et l'énergie de ses réformes : son héroïsme dans l'adversité lui assure dans le monde son prestige séculaire et le triomphe de ses aspirations.

COMBAT D'ALENÇON

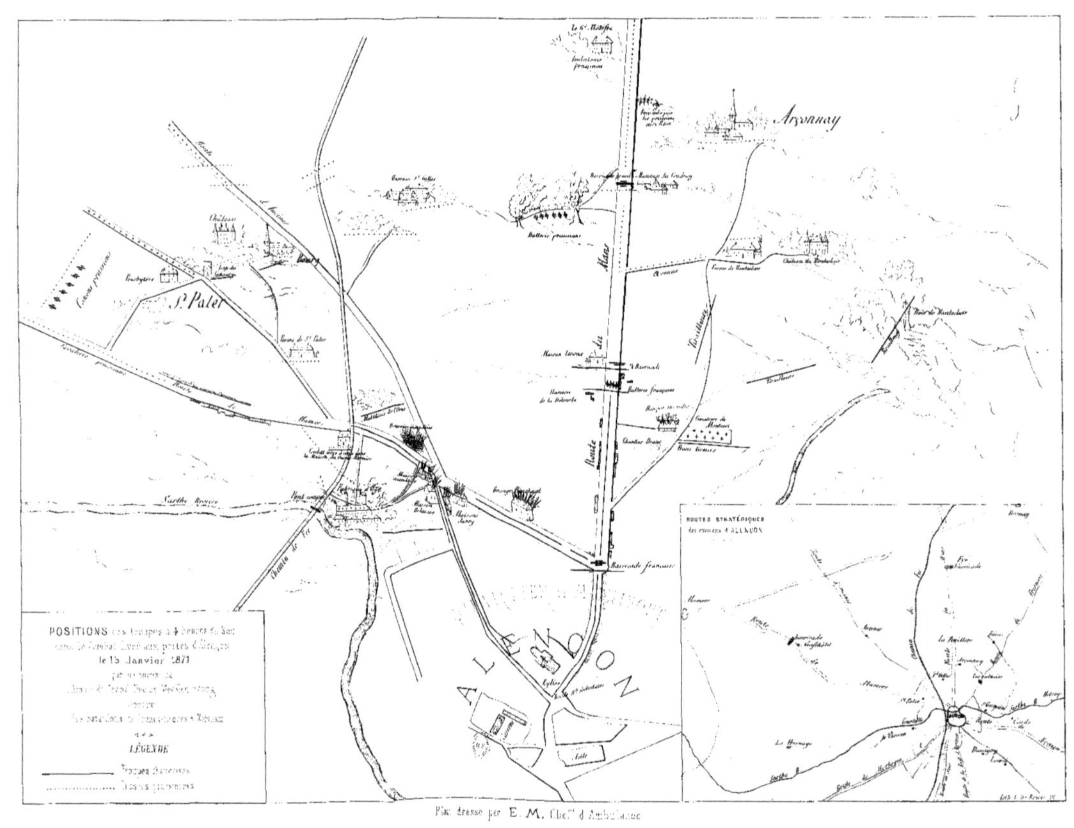

Plan dressé par E. M. Chef d'Ambulance

TABLE

Pages.

I. La veille du combat 7

II. La bataille 19

III. L'occupation 39

IV. Épisodes 61

V. L'Orne 71

Alençon. - É. De Broise. - av. 1871.

www.ingramcontent.com/pod-product-compliance
Ingram Content Group UK Ltd.
Pitfield, Milton Keynes, MK11 3LW, UK
UKHW021010200726
13857UKWH00004B/1372